Friedrich Müller

Niobe

Ein lyrisches Drama

Friedrich Müller

Niobe

Ein lyrisches Drama

ISBN/EAN: 9783743677760

Hergestellt in Europa, USA, Kanada, Australien, Japan

Cover: Foto ©Thomas Meinert / pixelio.de

Weitere Bücher finden Sie auf **www.hansebooks.com**

Niobe
ein lyrisches Drama.

Vom
Mahler Müller.

Mannheim,
bei C. F. Schwan, kurfürstl. Hofbuchhändler.
1778.

Dem
Hochwohlgebohrnen Herrn
Heribert
Freiherrn von Dalberg
Herr zu Hernsheim und Abenheim
𝔢. 𝔢.

Sr. Kurfürstl. Durchlaucht zu Pfalz
Kämmerer
und
Oberst-Silberkämmerling

unterthänigst gewidmet.

Personen.

Apollo.

Diana.

Niobe, Königin von Theben.

Ismenes,
Syphylus,
Phedimas,
Achor,   } Söhne der Niobe.
Alphenor,
Damasichton,
Ilionee,

Euryphile,
Philaide,
Pelia,
Delira,   } Töchter der Niobe.
Nerine,
Psyche,
Layde,

Athos,
Pilon,   } Enkel des Neptuns.
Meros,
Egyllus,

Clymene,
Philaide, } Enkelinnen des Neptuns.
Aspasia,
Terpsichore,

Creon, ein blinder Oberpriester des Apollo.

Chor der Priester und Priesterinnen.

Chor des Volks.

Erster Aufzug.

Oeffentlicher Platz auſſer der Stadt Teben — Vorne auf einer Seite das mit Kränzen behangene Portal und die mit Blumen überstreute Schwellen des Tempels der Latona; gegen über unter jungen Ulmen die Bildſäulen der Diana und des Apolls auf prächtigen Fußgeſtellen. Im Hintergrunde erblickt man die Stadt Teben — Gebäude mit Säulengängen — Pyramiden, Obelisken und rauchende Altäre. Man hört in die Ferne nach und nach näher kommenden Lobgesang.

Diana mit losgebundenem Haar in einem blaßgrünen Leibrock und braunen Uebermantel gekleidet; ein goldener Gürtel umzingelt ihren Leib. Bogen und Pfeile trägt Sie überm Rücken an einer goldenen Schnur, kommt traurig aus dem Tempel der Latona die Stuffen herunter.

Diana.

Bin ichs? — ha! bin ich der gefallnen,
der geſchmähten Latona Tochter!
Nicht unter Schmerzen erlieg
göttliches Herz! Bruder!
Bruder! wo bleibſt du?
Vergebens ſend ich
durch Wolken meine Blicke nach dir!
Komm! Komm doch —
eins mit mir Rächer,
bald zu ſtrafen die Frevler,
bald zu ſtrafen —
Schreit' herunter die hohe Wolken=Bahn!
Schon hör ich — hör ich nicht in der Ferne

Hohngesänge jetzt, auf dich Mutter,
Bruder auf dich — auf mich!
Mich die geschmähte Tochter und Schwester.
Ha! trag ich denn Waffen umsonst!
Bin ich etwa nicht Göttin mehr,
daß ich's so willig erdulde!

(Sie greift nach dem Bogen.)

O grausam! grausam
müssen sterbliche Menschen büssen!
Büssen die Thränen
die sie aus heiligen unsterblichen Augen pressen!

(Apollo auf einer Wolke.)

O Apollo! du kommst,
anzuschauen aus deinen heiligen Augen
unsrer geliebten Mutter Entehrung;
Kommst zu schauen deine Schmach jetzt
und mein unerträglich banges Leiden!

(Sie sitzt auf die Stufe, lehnt ihr Haupt
an die Säule und weint.)

Apollo. *

Halt ein Diana —
Theuerste Schwester, erniedre
deine Gottheit nicht so.
Warum weinest du so sehr?

Di«

---

*) Apollo trägt ein goldnes Stirnband, fleischfarbenen dünnen Leibrock der ihm geschlossen an den Gliedern sitzt, über die eine Schulter fällt vom Rücken her ein breites goldbesäumtes Purpurgewand, an einer goldenen Schnur hängt der Köcher, den Bogen trägt er in der Rechten. Die Locken schweben ihm um die Schultern. Er steht bis an den Nabel in lichten Silber-Wolken verborgen.

Diana.

Sollt ich nicht Bruder!
Geliebter, Theurer,
laß mich jetzt ausweinen —
Nicht aufhalten kann ich die Thräne
meinem göttlichen Aug entrinnend.
Hier! hier — auf diesen Stufen —
O du erinnerst dich wohl noch
der süßen kindischen Tage,
wie sie oft da saß
die anmuthsvolle Mutter —
dich und mich,
ihre blumenbekränzte Kinder
in geliebten Armen drückend —
Wir kamen hier jährlich zusammen
Ihrem Fest' beizuwohnen:
Ich von den Rehbergen herunter,
du herüber von Delos,
feyerten dann hier, und umfiengen
frohlockend uns, als treue
von der geliebtesten Mutter
gebohrne Zwillings-Geschwister — Ach! und
die ganze Erde war Zeuge,
war Zeuge Mond nnd Sonne
am hochbewölbten Olympus,
unserer zärtlichen Eintracht,
der frohen Unschuld und Liebe,
die beyde Herzen verband.
Und gestern! gestern!

Ha! den Tag sah Himmel und Erde!
aber unsere Mutter! unsere Mutter!
fand hier die Freude nicht mehr.
Keine Kränze geweiht ihr an diesen hohen Säulen,
keine Blumen ihr gestreut auf diesen
zierlichen Stufen — Nicht
Opfer ihr entzündet, keine
Gesänge voll Lob, keine
Jüngling - und Mädchen - Tänze
hier am Tag ihr bestellet.
O Schande!
Sink' ein Leben, begrabe
in deinen Schutt und Trümmer, tief begrabe
dieser schändlichen That Angedenken!
Abgewiesen hier unsere Mutter ward;
ehrlos verstoßen strich sie an diesen
allein ihr geheiligten Schwellen; durfte
nicht einmal nahen wo sie daheim war.
Jenseits gieng ich vom Wald - Schatten
gedeckt, am hohen Cynthus
unter meinen Gespielen
sehnlich erwartend, der lieblichen Stimme,
die mich herüber laden sollte
zum Mutter - Kusse.
Ach! da begegnet sie mir
in ihrer Schmach, begegnet mir die Mutter —
roth ihr Auge von Zähren,
aufgelöst ihr schönes langes Haar
im Winde; über die Gipfel her

trug

trug Echo ihr Leid —
Erschrocken hielt ich, meinen Händen
entglitt der Jagd-Spieß, mein Busen
klopft' laut; sie aber stand angelehnet
am Ast dürrer Eiche,
bitterlich ausweinend ihren Kummer —
Alle meine Gespielen senkten traurig
die Stirnen, weinten mit ihr:
Licht meiner Augen, Diana!
ich bin gefällt, o Tochter!
alle meine Herrlichkeit darnieder.
Wer wird mich künftig noch achten!
Niobe — o! daß sie verschmachte die Stolze,
getroffen von deinen Pfeilen, Tochter!
O Sisiphus Quaal über sie!
Niobe! Niobe! Atlas Riesentochter,
die Brut des verruchten Tantals;
Niobe hat Altar und
Tempel mir heute geraubet,
hat mein Bildnis geschlagen,
mich, und dich und Apollo
deinen heiligen Bruder geschmähet —
Auch Mutter von vielen Kindern
hielt sie deine fromme Mädchen,
Apollo's fromme Jünglinge
von meinem Dienst' heut; scheuchte die Mütter,
Entriß ihren zitternden Händen
die Körbe, verschüttet die Opfer,
riß uns geheiligte Altäre nieder:

Mir,

Mir, mir, (rief sie ihn stolzen Frevel
jauchzend durch Tebens Straßen, die
ganze Stadt, erschrack,
blickt furchtsam zu ihr auf —)
mir opfert! Ich bin
mehr als Latona — die Tochter Atlas,
Zevs Verwandtin bin ich —
Mutter von sieben Söhnen,
Mutter von sieben Töchtern, alle
und alle Zwillinge —
Thörigte, länger nicht sollt
unsichtbare Götter anbethen;
derer vergessen, die
unter euch wandeln — Eure
Göttin ich, ich die ihr morgen
im Tempel verehren sollt.
Falle morgen Latona! steig auf
Niobe — Sie komme
die Geschmähte, komme morgen!
Latona begegne mir!
So weinte meine Mutter den Frevel —
Die heilige Hayne erbebten
bei jedem Wort, des Thales Quellen
weinten in meinen Jammer. O!
Bruder! heute der Tag,
jetzt schon die Stunde
des Frevels — beginnen jetzt soll
deine und meine, und unsrer
jammernden Mutter neue Schmach —

Sie zieht schon feyernd durch die Stadt, Niobe! —
hörst du den Hymnus? Umgeben
von all' ihren Söhnen, allen Töchtern,
all' denen die heute mit ihrem
Stamm sich vermählen — ha!
prangend auf stolzem Wagen
trotzt sie mit Kron und Zepter unserer Macht.
Aber tausendmal
treffe sie Quaal statt Freude!
tausendfach! ja tausendfach
bezahl' an diesem Tag' ihr Frevel!
Fall über sie Angst und Jammer —
zerfriß ihr unbändig Herz, Zähre,
die hier auf dieser Schwelle
meine Mutter vergoß — zerschmilz
Leben! Leben!
in den Thränen die ich jetzt weine!

(Der Gesang kommt näher.)

Sink' Jammer und Elend
auf Niobens Haus — sie fall'
mitten in ihrem Stolz,
und kein Gott, keine Göttin
trag länger für sie erbarmende Gnade!

Apollo.

Auf Diana!
Laß dein' Zorn nicht
in Seufzer und Thränen schmelzen.
Göttliche Schwester,

dir und mir
Rache verliehn vom Schicksal!

Diana.

Ha! der Zukunft Tafel
trägst' an goldner Stirn
Apollo!

Apollo.

Kennstu diese Pfeile —
ihren Klang?

Diana.

Schwarz wie der Orcus —
Ich kenne sie!

(Der Gesang immer näher.)

Apollo.

Kommen schon —
verschließ dem Frevelgesange
dein zu heilig Ohr —
Sie kommen, begleitet vom Verderben,
gezogen in ihren Fall —
Steig auf zu meinem Sitz Diana,
Steig auf — unheilige Thaten
entgehn nicht ihrer Strafe.

Diana.

Versprichst mir denn Rache
teuerster Bruder, sag?

Apollo.

Apollo.

Bei der Tiefe der Stixes,
bei Jupiters erhabener Krone
schwör ich —

Diana.

Ha! so komm,
jauchz, stolzier jetzt
Zwillings Mutter! komm, einhertrettend
in aller Pracht — komm,
höne Latonens Kinder,
Apollo, Diana noch einmal!

Apollo.

Sie wirds — schwerer
büssen ihren Frevel;
fürchterlich sie erwartet
Quaal und Jammer —
zurückstoßend von diesen Schwellen
warnenden Priester — sie —
entweyhend Latonens Altar
mit frecher Hand — dann,
dann schrecklicher Rache Ziel —
überlassen uns
von allen Göttern!

Diana.

Ha!

Apollo.

Kalt ihrer Söhne Tod
in diesem Köcher liegt —

Schon welkt nahe dem Orcus
Ihr Stolz — umsonst
Seufzer ans rauhe Mutterherz —
Sie stehn wird
im Tode Fels,
aller Züchtigung höhnend!

Diana.

Fels hier?
Apollo.
Dies Schicksal wartet auf sie.

Diana.

Ha! aber vor noch
Ihre Söhne all' niedergeleget
von deinem Bogen, so
zu ihren Füssen wälzen sehn —
bei deinen heiligen Locken
wiederruf nicht diese Hofnung —

Apollo.
Unwiederruflich ist mein Wort.

Diana.
O laß michs hinjauchzen durch die Luft,
daß es fern höre
die gekränkte Mutter,
herüber komm und ihr Herz
weid' ihr Aug!
Apollo.
Ruf ihr in deine Rache.

Diana.

####### Diana.
Welche gab das Schickſal mir?

####### Apollo.
Niobens Töchter
ſind dir übergeben.

####### Diana.
Mir? ſagſtu mir?

####### Apollo.
Ihr Leben und Tod
ſteht in deiner Hand.

####### Diana.
O Niobe! Ha!
ſtockt dirs Blut nicht
bang unterm Herzen! —
Du, Götter Zorn auf dich ladend — du,
leid und Leide nun tauſendfach
in ſchrecklicher Vollendung deines
Schickſals — ha! ihr Kinder,
wo habt ihr ſolch eine Mutter verdient!

####### Apollo.
Noch Mitleid tragen darfſt
Schweſter — deiner Lippe
nicht entgieng
Todes Schwur.

####### Diana.
Ja, könnt Sie jetzt gleich
demüthig hinſinken,
umfaßen meiner Mutter Knie,

könnt um Vergebung sie flehn,
erbarmen wollt ich mich —
aber nein — zu stolz ihr Herz,
zu süß auch meine Rache —
nein! nein! kommt Sie nicht dort
mit trotzenden Blicken,
den Himmel erschütternd,
die Götter verschmähend —
und ich — ha! mag einbrechen
über mir der Olymp — verschütten
mein dämmernd Licht!
mag aufhören ehe meine Gottheit
eh' ich Erbarmung über Sie trage —
Mit ihren Töchtern Mitleid ich?
Sie, die keine Erbarmung
mit unserer Mutter trug!
Nein, nein fallen Sie! — im Tode
der Kinder, leid' die stolze Mutter,
wie wir in unserer Mutter Schmach —
Die lezte Rache sey mein,
mein der lezt', all ihren Stolz
niederlegende Pfeil —
das schwör ich unwiderruflich
bei unserer geschmähten Mutter Zähren,
bei diesen nassen Wangen,
bei deinen heiligen Augen,
bei der Tiefe des Stixes
und Jupiters erhabener Krone!

(Sie steigt zu Apollo auf den Wagen.)

Apollo.

Apollo.

Verfinstere dich mein Licht!
Schaue nicht heut am Tage herunter,
herunter,
wenn Tebens Erde das Blut
ihrer erschlagenen Königin trinkt.

Diana.

Brecht hervor aus des Orcus
dunkelm Schose,
brecht hervor bleiche Gestalten des Todes
Im Strahl der Nacht —
Anherrn von Tebens
uralten königlichen Stamm.

Beide.

Brecht hervor, und empfanget
heut eures Hauses lezten Reis.

(Beide durch die Luft ab.)

Chor von Priester und Priesterinnen mit Blumen bekränzten Häuptern, rothe Gürtel um die schneeweisse Leibröcke; sie tragen grüne Zweige in ihren Händen, andere spielen auf Pauken, Trianzel, Flöten, und Oboen einen pathetischen Marsch. Jezt stehen Sie auf beiden Seiten am Eingange des Tempels, die Musik schweigt, der Chor fängt an.

Niobe auf einem goldenen dem Sonnen-Throne ähnlichen Wagen von zwei reich überdeckten Schimmeln geführt in einem langen milchweißen Leibrock gekleidet, den ein goldener Gürtel durchbricht. Den Rücken deckt ein purpurfarbener goldbefranzter Mantel; ihre Haare in einen stolzen Knoten am

Nacken geschlungen, die Krone auf dem Haupt, den Zepter in ihrer Hand, ihre zwei jüngste Kinder in den Armen haltend.

Auf beiden Seiten ihres Wagens gehen ihre ältere [*]) Söhne und Töchter mit ihren Bräuten und Bräutigammen, Abkömmlingen aus Neptuns Geschlecht. Ihrer viere tragen der Mutter goldenes Bildniß — andere schwingen Rauch=fässer, auf denen angezündeter Weyhrauch brennet. Die übri=ge halten gefüllte Körbe, aus denen sie immer in den Gang der Rosse und Wagen Blumen streuen. Hinten nach kommt das Volk. Niobe steigt mit ihren Kindern aus dem Wagen. Der Gesang fängt an.

Chor der Priester.

Hat Zevs geöfnet
Olympus Thore,
die güldene Thore —
seelig!

Das Volk.

Sey uns freundlich
auf Erben!
mächtig erhabene
Niobe!

Chor der Priesterinnen.

Der Frauen schönste
winkt er hinaufwärts;

Sie

---

[*]) Alle Kinder Niobens sind in schwefelgelbe Leibröcke und rosenrothe Uebermäntel gekleidet, güldene Spangen, Stirnbänder, und Gürtel. Die aus Neptuns Geschlecht tragen alle hellblaue Leibröcke und meergrüne Oberge=wänder, silberne Spangen, Stirnbänder, und Leibgürtel.

Sie steigt hinaufwärts —
seelig!

Das Volk.

Sey uns gnädig
auf Erden!
mächtig herrliche
Niobe!

Chor der Priester und Priesterinnen.

Sie trägt der Adler
am zückenden Blitze,
Sie traut dem Blitze —
seelig!

Das Volk.

Sey uns barmherzig
auf Erden!
mächtig ewige
Niobe!

Alle.

Die Kinder Aurorens und Tetis Gespielen,
die Kinder Latonens nicht schöner als deine.
Es schauen die Götter von wolkigten Zinnen
freudig hernieder auf die Geschwister;
Strahlen des Lichts, Erben der Kraft.

Das Volk.

Sey uns freundlich
Schützerin Tebens
unter deinen Kindern!
Sey uns gnädig

Schützerin Tebens
unter deinen Kindern!
Sey uns barmherzig
Schützerin Tebens
unter deinen Kindern!
mächtig erhabene!
mächtige herrliche!
ewige göttliche
Niobe!

Niobe.

Stolz meiner Seele — Kinder!
Kinder! die mich erheben,
In denen ich
allgewaltig mich fühle.
Söhne! Töchter! meine Freude,
mein Sieg!

(Sie streckt die Arme aus, die jüngere fallen an ihren Busen, die ältere fassen ihre Hände und küßen die zärtlich.)

Oh! oh!
eurentwegen ihr Lieben
steig ich jezt auf zum Olymp —
Sollt ich euch Recht und Antheil
länger rauben am Olymp? sollt ich
vergeben was euch Göttern gebührt —
O! ihr Jupiters Enkel
vom Vater her entsprungen,
ew'ger Kraft und was ich
Niob' in euch gelegt — hoch wie Wolken

hinaufwärts steigt immer mein Sinn.
Des ewig festen Atlas Tochter
troz ich jedem Hohn — Trägt
mein Anherr Donners rollenden Wagen,
fängt auf mit trüber Stirne
der Elementen Wuth,
des zürnenden Donners Blitze —
nein! o nein!
schreitet auf mit mir furchtlos,
durch euren Muth nöthigt die
Vorfahren, euch zu erkennen
ihrer würdig — Söhne!
tapfre Söhne! faßt an
eures Großvaters
allgewaltige Faust,
nicht scheuend seines
Adler schlagenden Blitzes.
Und ihr Töchter — frischer als der Meere
gezogene, schöner als des Morgens
röthliche Kinder, der Juno
sagen eure Blicke,
daß ihr Niobens Töchter seyd.
Groß seyd ihr entsprungen
von mächtigen Ahnen,
Jupiter und Atlas —
der alles regiert, der alles trägt,
der faßt die Wolken, der Erd und Meere,
der alles regieret, der alles trägt.

B 4   Das

Das Volk.

Sey gelobt Niobe
herrlich entsproßne!
seelig gebährende!
mächtig herrschende!
sey gelobt unter deinen Kindern
auf Erden!

Niobe.

Beschloßen hab' ich's
zu pflanzen heut an meinem Tage
ein unüberwindlich ewig Geschlecht,
kraftgiessend über die geschwächte Menschen,
bezähmend den so kühnen Sinn der Olympier
droben — Es steh künftig
eine Mauer zwischen
Himmel und Erde — nicht achtend
den Zorn schwacher üppiger Götter,
nicht fallen lassend tiefer die Menschheit
unter ihren eitlen Willen. Kraft und
Adel, Willen, und Freiheit gebend,
mehr Wohl dem Sohn der Erde,
als was Prometheus in ihn stahl!
gebt eure Hände, Söhne! Töchter!
hier unterm weitgewölbten Himmel,
der Cronions Tempel ist,
des starken Neptuns Abkömmlingen;
Sproß auf aus eurem Saamen
der Wald, künftig deckend
In süßem Schatten

die sichre ruhige Welt.
Ich Pflanzerin leb in euch,
unvergeßen dem Hymnus,
im Himmel, wie auf Erden,
bis in die graue Ewigkeit.

(Die Söhne Niobens und ihre Töchter reichen
den Jünglingen und Mädchen aus Neptuns
Stamme die Hände.)

Das Volk.

Schön bist du
im Chor deiner Kinder
gegürtet!
Schützerin Lebens!
mächtig erhabene
Niobe!

Priester und Priesterinnen.

Die Kinder Aurorens und Tetis Gespielen,
die Kinder Latonens nicht schöner als deine!
Es reichen die Söhne den rosigen Mädchen
Es reichen die Töchter den lockigen Knaben
die Hände zur Treue die Wange zum Kuß!

So mächtig Ströhme
zum Ocean wälzen,
so manche Knospen
dem Frühling entschwellen,
so hoch der heilige
Aether sich wölbet,
steige, wachse, blühe dein Stamm!

Niobe

Das Volk.

Schön bist du
im Chor deiner Kinder
gegürtet
Schützerin Lebens!
mächtig erhabene
Niobe!

Niobe.

Auf dich soll mein Seegen
künftig fliessen — treues
mir ergebenes Volk!
Niobe reicht gnädig
aus ihrem Olymp
zu euch nieder ihr Ohr.
Oefnet nun die Thore meines Tempels
führet mich ein — aufstellend
mein Bildnis,
daß mein Volk wisse
wo es soll anbethen!

(Musik; die Priester und Priesterinnen ziehen
die Treppe hinauf; die Pforte des Tempels
öfnet sich.)

Creon ein alter blinder Priester des Apollo, von zwei
Opfer=Knaben geführt die Treppe herunter, er hebt den
Stab auf, die Musik schweigt.

Creon.

Verflucht der Schritt,
den eure Füße weiter setzen!

(Die Priester beben zurück.)

Zurück

Zurück ihr Frevler!
wagts nicht weiter
mit unheiligen Tritten
diese reine
gottgeweihte Stufen zu beflecken!
O! ihr Tebaner
was für eine schändliche Nacht
deckt eure Herzen, eure Augen,
daß ihr so Latonen,
ihrer Kinder spottet!
Flieht! flieht! zur Erde
werft euch, fleht,
daß Rache euch nicht mit hinreiß'
in des Verderbens offnen Schlund!

(Der Zug hält, die Priester gehen mit ge-
senktem Haupte auseinander.)

Niobe.

Wer ist der Verwegene,
trettend in Weg uns
an der Herrlichkeit Tag?
am Altar
unserer erzürnten Gottheit
beb' er!

Creon.

Bebe du, Niobe! —
du bebe! du,
die Götter erzürnet, du
die verwegen

in der Gottheit Rechte greift;
nieder hier im Staub leg'
Kron und Zepter —
zu Dianens, zu Apollos Füßen
zag, weine, flehe
vom Rande des Verderbens dich los.

    Niobe (vor sich).

Wer spricht so? — Ha!
meine Blitze!
wo sind die!

    Creon.

Geflügelt eilt schon
über dein Haupt her Rache,
stürzender Fall.

    Niobe.

Du sprichst nicht mit mir
Priester?

    Creon.

Ja, stolze Königinn mit dir —

    Niobe.

Und wer will mich denn stürzen?

    Creon.

Sie, die du heute geschmäht,
der du gestern
Opfer versaget, Latona,
mit ihren racherfüllten Kindern.

    Niobe.

Niobe.

Aus meinen Augen
du Sohn des blinden Erebus!
Der Blitz lähme deine Zunge
für diese Worte — sey Felsen taub
hinfort an allen Sinnen!
Ich sollt Opfer bringen Latonen?
Ich, Niobe? — du
Scheusal, das den Wunden
der lockern Erde entkroch, mutterlos gesäugt
von kranken Nebel-Dünsten; nicht Schönheit
fühlt noch trägt. Du
Nacht am Tage!
die lichtlose Löcher deiner Stirne
sind Strudel, sind überdeckte Klippen,
woran der Schönheit Schiffe stranden.
Hättest Augen du, mich anzuschauen
unter meinen Kindern, auch
du würdest niederknien und anbethen
und weinen, daß du so
mit Worten mir genahet —
Ich will ihr keine Opfer bringen
deiner Latona — sag ihr das. Ich
fühle wer ich bin — laßt Hymnen
ertönen Jupitern
dem höchsten Götter-Vater,
Vater meines Hauses —
gewaltig über alle Himmel vest
wankt nie sein Stuhl;

aber niedere Gottheiten
verehren einander nicht.

                Creon.
O! hörts nicht
ihr droben — Wolken
umziehet die Sonne,
verberget dem Aug des allsehenden Tages
diesen Gräuel!
Tragt nicht diese Worte,
nicht in die Bergkluft tragt sie
Winde!
daß Dianens
leis' schlummernder Zorn
nicht erwache zu früh,
und Teben untersinke
mit in ihren Fall — Königin,
du bist
zum Verderben nun reif!

          Ismenes (Niobens erster Sohn).
Was schmähstu unsre Mutter!
Niobe soll Göttin seyn!

             Syphilus (der Zweite).
Göttin ist sie, wir wollens!

              Achor (der Vierte).
Sterb' von unsern Händen,
wer sie nicht anbethet.

Ismenes.
Deines Apolls Wagen
kann auch ich künftig regieren
Blinder!

Euryphile (Niobens erste).
Blinder, ich
trag Dianens Fackel.

Alle Kinder Niobens.
Wir sind Götter!

Niobe.
Was will Latona,
Elender mir!
wer ist die, die einmal Zwillinge
gebohren. Siebenmal
gebahr ich Zwillinge,
sieben Söhne, sieben Töchter,
alle herrlich,
würdig ihrer Ahnen!
Sie komme, weihe
Opfer mir; hier
führ sie den Chor auf
zu Niobens Altar,
wenn Mütter, die einfach gebohren
ihr folgen — Sie, die
so lang mir allein
gehörigen Dienst annahm,
meine Opfer gestohlen,
beraubet diese meine Kinder,

diß fromme Volk mir verführet —
sie steig' herab jetzt von ihrem Stuhle,
Neig' nun so viel tiefer
nieder vor mir,
so viel ich mehr
Mutter bin als Sie!

Creon.

O! ich werd bald anders
dich reden hören — Götter! Götter!
hier wirstu vergebens
zu Dianen deine Hände strecken,
Sie um Erbarmen flehn —
bald im Staube hier liegen wird
deine Krone, besudelt
vom Rach-Opfer.

Niobe.

Ich werd vor Diana niederknien?
Wer sind Latonens Kinder?
Den Bogen sie spannen, regieren
die Fackeln am hochgewölbten Olymp.
Ha! gieb meinen Kindern,
deinen Enkeln, o Jupiter,
gib Wagen Ihnen — setz
auch Sie über Gestirne wie jene,
und Sie werden
zieren deinen hochgewölbten Olymp,
wie diese unsere Welt.
Schöner als mein Geschlecht

hat nie eins auf Erden gewandelt —
Eröfnet mir gleich die Pforte;
Verkündiget der ganzen Stadt,
daß ich eingeh' in meinen Tempel —
dann, wenn dreimal ertönet
silberne Trompet', erklinget
die Cymbel — Niobe nun
empor gestiegen mit ihren Kindern
zum Olymp. Voran!

(Der Zug beginnt wieder, Creon hält ihn noch
einmal auf.)

Creon.

O Niobe! Niobe!
bei der Liebe zu deinen Kindern —
Ich laß euch nicht.
O bei deinen Anherrn
beschwör ich — bleibe!

Achor.

Hinweg Schwätzer — Priester
beginnet den Zug.
aus dem Weg Blinder;
niederschlag ich, wo du nicht weichst!

Terpsichore (Neptuns Tochter).

Laß, theurer Achor!
schone seiner weissen Haare.
Jedes Wort von seinen Lippen
schrecket meine Seele,
wundet tief mein Herz.

Meros (Neptuns Sohn).

Lege deine Hand nicht an Priester,
Achor — heilig
sind sie den Göttern.

Athos, Pilon, Egyllus,
(Neptuns Söhne).

Wir bitten dich Achor,
schone sein, laß ab —

Achor.

Stille — hinweg du,
bringe mich nicht stärker auf.

Creon.

Vergebens,
nimmer laß ich euch voran.
Ueber mich hinaus
müßt ihr nehmen euren Pfad.

Achor.

Ueber dich hinaus.
Fort!

Creon.

O reiß mich nicht an diesen
greisen Locken; dafür
wirst büßen bald, wenn hofnungslos
im Tod hier
dein eigen Haar du raufst.
Denn weit nach dir und allen

ein lyrisches Drama.

den deinen, schon
aufgerissen des Verderbens Schlund.

Ismene.

Dunkelheit drückt deine Seele
wie dein Aug.

Creon.

Meine dunkle Augen
werden auf deinem Falle
ruhn.

Ismene.

Was sagst du Verwegener?

Creon (zu Achor).

Hier, wo du mich zweimal schlugst,
wird in kurzer Frist
dort vor Dianens Füßen
der kalte Tod dir
alle Glieder strecken.
Willst du noch mehr wissen?
Apollo giebt mir ein Zeichen.

Alle.

Zurück! zurück!

Niobe.

Reißt ihn weg den Verräther,
den Mitverschwornen der Latona.
In den Staub nieder
den Schmäher eurer Mutter,

daß über ihn weggehe
mein Schritt.

(Sie reißen Creon weg, er fällt an die Stufen des Tempels. Es donnert.)

Niobe.

Herab mit den Säulen dort!
herunter!

(Niobens Kinder schlagen nach den Säulen, Diana bricht zusammen, Apollo bleibt stehen; der Donner schlägt hinten nieder und zündet die Stadt an. Das Volk sinkt in die Knie und weinet; die Priester stehen verwirrt.)

Laide (Niobens jüngste).

Nimm mich auch mit
Mutter; Laide trag' auf
in deinen Olymp.
Immer bleib deinem geliebten Busen
Laide, Mutter
droben im Himmel —
wie auf Erden!

(Niobe nimmt sie an der Hand, und hebt sie auf die Schwelle.)

Niobe.

Kommt auf zum Tempel,
jauchzend im Jubel.
Aus dem Himmel herunter
winkt seinen Enkeln

Jupiter zu — voran im Jubel!
Springt ihm in die Arme,
tapfre Söhne — Feige
beben beim Blitz.
Zevs Abkömmlinge
sind ihm vertrauter,
kennen die Furcht nicht!

(Sie steigt über Creon hinauf. Kinder und Priester folgen ihr nach. Ein Theil des Volks bleibt knieend zurück. Eine fürchterliche Musik. Brand und Donner nehmen zu über Theben, man hört in die Ferne Klage-Geschrei. Creon steht auf.)

Creon.

Theben! Theben!
Ach wie seelig
raubst die Augen mir,
starker Apollo!
nicht zu schauen an diesem Tage;
Theben zu schauen!
Aber mein Herz
läßt seinen Kummer nicht;
schwer trägts
an anderer Leiden,
und häufet in sich
Quaal auf Quaal.
Theben! Theben! du sinkst.
Tief fühl ich
deiner stolzen Thürme Fall!

O du schöne Stadt!
Weinet! weinet!
in den Fall
der schönen Stadt
weinet!

Erster Chor.

Das Volk.

Erbarmet euch der Unschuldigen,
erzürnte Götter!
zerstört die Frevler!
Erbarmet euch der Unschuldigen,
erzürnte Götter!

Zweiter Chor.

Das Volk.

Ist noch Hofnung?
des Erbarmens Hofnung?
rettende Götter!
sitzt ihr alle
abgewandt die Augen
über Lebens Fall!

(Man hört hinten Paläste einstürzen, die Flammen fressen mehr um sich, die Musik wird wilder.)

Creon.

Schwarz dreht sich die Wolk',
unter ihr sinkt schon der Pallast,
zerfressen von Flammen.

Hinun-

Hinunter gestürzt hat
Zevs seinen Sohn
durch die Flammen.
Zu glücklich fiel er,
nicht zu schauen den Jammer,
der seines Weibes wartet,
nicht zu schauen
seiner Kinder
schrecklichen Tod.
Denn ach!
schwarz wie die Nacht,
blutiger Rache gewiß,
eilt Apollo,
eilt Diana
Latonens Tempel zu.
Vor ihnen her
lauft Neptun,
seine geliebte
Kinder rettend.

Das Volk.

Erbarmt euch der Unschuldigen,
erzürnte Götter!
zerstöhrt die Frevler!
Erbarmt euch der Unschuldigen,
erzürnte Götter!

(Die Flammen ergreifen den nahen Tempel, Creon und das Volk fliehen. Man hört inwendig ein schrecklich Getöse.)

Zweiter Aufzug.

Die Söhne des Neptuns stürzen wild die Treppen herunter.

Philon.
Bruder! Bruder!

Athos.
Weg! weg!
Philon! Meros!
Egyll! wo seyd ihr
alle!
(Er reißt das blanke Schwerdt von der Hüfte.)
Flammen verfolgen uns!

Philon.
Steh uns bei, Vater Neptun!

Athos.
Kalt schlägts Herz mir
an die Rippen — wer
hat so gräßlich
zum fliehen geboten?

Philon.
Hörst du die Stimme? — Wer
riß mich herunter
von der Schwelle des Altars,
herunter im Schnaufen des Rosses —

Egyl.

Egyllus, Meros schlaft ihr?
Wo eurer streitbaren Seele Muth? —
wacht auf!

Egyllus.
Dort in Rauch und Flammen
leben! es stürzen
tief die Palläste.
Unsre Brautgemächer
verhallen bangen Trauerton —
O! Niobe! Niobe!
o mein Herz! Brüder!
Weggezogen hat uns
Vater Neptun. Ich
sah' ihn über mir
des Verderbens Retter!

Meros.
O daß ich gestorben, eh ich
erlebet diesen Tag — wehe
mir! weh! meine Seele
bangt, mir ahndet
groß Unglück über uns alle!
Brüder! Brüder!
O daß uns beysteh' der gewaltige Vater!
Jammer und Angst
überladen mein Herz, enthüllen
schwarze Jammer-Scenen, mir nahe!

(Man hört ein fürchterlich Geschrei im Tempel; die Flammen brechen durch die Thüre
hervor.)

Alle.

Alle.
Wendet ab ihr Götter!

Egyllas.
Ha! welch ein fürchterlich Getöse drinnen.
Flammen ergreifen alles!

Philon.
Verderben und Tod bahnen
wechselweis einander Wege.
Was ist zu thun? zu retten?
Unsere Bräute sind drinnen!

Athos.
Hinein Bruder!
retten unsere Bräute!

Meros.
Hinein — ich höre meiner
sanften Delira Stimme.
Hinein! hinein!

(Sie laufen alle vorwärts.)

Neptuns fürchterliche Stimme.
Zurück Verwegene!
Kinder! zurück!

Alle.
Ha Neptuns,
unsers Vaters Stimme!

Neptuns Stimme.
Entflieht, ich hab euch gerettet,
entflieht! entflieht!

Athos.

Mich faßts in den Haaren!
wem gilts? — wie habens
die Götter gezückt? — auf
wen? o Vater
laß uns wissen
was drinn im Tempel vorgeht.

> (Ein neu Geschrei im Tempel, die Töchter
> Neptuns stürzen angstvoll jezt die Stufen
> herunter.)

Egyllus.

Unsere Schwestern! sie auch
getrieben durch die Pforte —
weine nicht Meros,
bis wir wissen, wie es drinnen steht.

Meros.

O ihr Götter! nur zu klar
seh ich mein, seh ich unser aller Elend.
O Schwestern! Schwestern!
redet! laßt uns alles wissen!
O! wo starren
eure wilde Blicke hin —
sagt, wie stehts um unsre Bräute?
wo in diesem grausen
schrecklichen Getümmel meine
Delira? — öfnet doch die blaße
Lippen — eure Zungen
entfesselt doch von des Schreckens Banden.

Sagt!

Sagt! o sagt mir,
ist die Tauben-Treue,
ist Delira meine Holde
noch im Leben? — oder drückt
die allerschönste Wange
im Tode schon die Erde?

Schwestern.
Wehe! ach Bruder!
was sollen wir sagen!

Athos.
O so sprecht doch!

Philon.
Heraus damit!

Gryllus.
Zieht das bange Looß — du Clymene,
älteste Schwester, sprich vor allen.

Clymene.
Ach! wo hohl ich her die Worte.
Saht ihr dann nicht ihr Brüder
jenen schreckenvollen Anblick?
ha! ihr waret alle schon verschwunden —
hinauf steigend jezt
Niobe zum Altar — geschmücket
in Schönheit, in Pracht, stehend
herrlich, einer ähnlich
die Erd und Himmel
in mächtigen Händen faßt.

Jezt brennen schon die Opfer —
Blumen fallen zu ihren Füßen —
die Musik ertönt —
Trompet und Cymbel — die stolze
Königin vom Altar reissend
Latonens Bildniß, darauf
erhebend ihr eigenes — als auf einmal
ha! wie sprech ich's aus — die Decke
des rundgewölbten Tempels kracht,
auseinander sinkt jezt, getroffen
im Donnerschlag — Flammen sprühen
in Klumpen herunter, ergreifen
den Altar — laufen knatternd
an den Säulen hinauf — ha! da
schnell sich verwandelt die Königinn,
nicht furchtsam, Furcht erregend —
das roth ihrer schönen Lippen
entflieht — die Haare
lebendig — zerreissen
uneins aneinander,
den stolz an ihrem Nacken
schwebenden Knoten, und kämpfen
gegen ihr bleiches Gesicht —
Denn sie sah jezt zu erst
Nacht sich wölben umher —
sah durch die schreckliche Oefnung,
im rothen Blitz verhüllet,
herabsteigen nun Apollo
und Diana — rachelechzend — Sie

nickten

nickten fürchterlich — anspannend
die schwarze Bögen, schreiend:
Niobe, kommen herab nun
Opfer dir zu bereiten.

Alle.
O ihr Götter! welch Opfer!

Athos.
Voran — der Schweiß
träufelt mir von der Stirne
über eurer Erzehlung —

Clymene.
Sie zogen an und schnellten —
die Pfeile flogen — flogen!

Athos.
Nieder auf die Königinn?
saht ihr sie fallen? ha!
verwundt oder todt?

Alle.
Fiel die Königinn?

Clymene.
Wolkennacht mich trennt
von meinen Schwestern, riß mich
her zur Pforte. Mir war's
als rief Vater Neptun über mir:
flieht Töchter! — da lagen heulend
ihrer Augen beraubt die Priester

und Priesterinnen auf einander hingeschmettert
in fürchterlichen Gruppen; es wankten
die Altäre; Hallen hoch erbebten;
Angst hemmt den Fuß. Keuchend
hinter mir, erblickt ich die Schwestern —
Niobe bis an den Gürtel über den Wolken
hervorstreitend; zu begegnen
im Kampf jezt den Fürchterlichen.
Ihre Hände stolz nun am Gürtel
der pfeilsendenden Diana —
bis Wolken-Nacht sie ganz verbarg
und Angstgeschrey, röchlend
wie des Todes heischere Stimme
unser Ohr verstopft — Her
vom Altar durch die schwarze Dämmerung
Purpur-Ströhme glitten;
Grausen fiel uns an, wir sprangen
wild umschlungen alle
durch die offene Pforte!

Philon.

Ha Creon! Creon!
vorhergesagt hast du;
aber deinen treuen Lippen
niemand glauben wollt! —
Götter, was soll's jezt werden!
wer räth uns, was wir thun,
was wir lassen sollen?

Egyllus.

Seht da kommen die Priester schon,
jezt werden wir wissen
wo der Jammer ruht —
Ob sie todt die Helden-Königinn
rachesatt die Götter, jezt
aufgestiegen von ihrer großen Beute,
oder ob, noch Opfer mehr begehrend,
länger noch im Tempel halten — Was
denkt ihr Brüder! — horchet wie stille
auf einmal drinnen.

(Die geblendete Priester und Priesterinnen
kommen näher hervor.)

Sagt uns ihr was wir hoffen sollen.

Priester und Priesterinnen.

Wehe! wehe! fraget uns nicht weiter.

Athos.

Warum wollt ihr nicht reden?
Ihr müßt!

Priester und Priesterinnen.

Trauerbothen werden euch zu früh ereilen;
laßt uns ew'g fliehn.
Unheilige Flammen
haben unser Angesicht verbrannt,
nicht mehr Apollos schönes Licht
am Tage zu schauen;
nicht durch die Dämmerung her
Lunens sanfte Fackel.

Hin-

Hingefeſſelt
an Erebus feſte Nacht,
büßen wir durch dieſes Leben
grauſam unſere Sünden!
Wehe! wehe! fraget uns nicht weiter
Trauerboten werden euch zu früh ereilen!

(Alle ab.)

Philon.

Ungewißheit! — fürchterlich quälend —
was iſt zu thun?

Athos.

Warum lieſſen wir ſie ziehn —
zwingen hätten wir ſie ſollen
mit dem Schwerd — o!
beim Erderſchütterer Neptun,
mir ſchlägt das Herz bang.
Nicht länger duld ich; wiſſen
will ich nun den Augenblick, welche
Trauerbothen mir begegnen ſollen.

(Ein neu Geſchrei im Tempel, man hört Niobens Stimme. Laide Niobens jüngſte Tochter, ſtürzt die Treppe herunter.)

Layde.

O helft! helft! — rettet
ihr Bürger von Teben — ihr
Neptuns Kinder, rettet doch!
meine Mutter unterliegt!
allein kämpfend mit

racherfülltem Gott und Göttin.
helft! o helft! — eure Bräute,
eure Bräutigammen rettet drinnen!
Euryphile! Ismenes!
theurer Bruder! liebste Schwester!
Ach umsonst verbarg euch die Mutter
unter ihrem Arm, strebte
zurück zu scheuchen den
unerbittlichen König
mit dem schwarzen Geschoß!
Ach umsonst! ihr liegt schon an der Erde gestreckt!
Ismenes! Euriphile!

Alle.
Was sagst du da?

Philon.
Niobens Erstgebohrne
vom Rache-Pfeil erschossen?

Layde.
Darnieder liegt unsers Hauses Stolz,
stammlen letzte Worte, ihrer Liebe Nahmen.
Ja wohl grausam Geschicke
wartet unserer Mutter,
wartet jetzt uns allen!
Wißt's, o wißt's — beschlossen
hats so Latona; hört
ober mir der Göttin Stimme:
Sterben sollen alle die, die Niobe
gebahr. Sie rächen will

ein lyrisches Drama.

in unserm Tode jezt
ihrer Kinder, ihre eigene Schmach.

Alle.
Weh uns! wehe!
was sagst du?

Layde.
Gejagt drinnen — hört ihr
schrecklich gejagt — jezt flüchten
meine Brüder, meine Schwestern
angstvoll um, die Säulen
hinter ihnen her, die
Blutlächzenden! — hört ihr
von neuem — Todes-Ruf
o wehe! wehe! eins ist wieder
zugesandt dem Orcus!

(Man hört ein Geschrei.)

Alle Söhne Neptuns.
Laßt uns hineinstürzen Brüder!
hinein! hinein! auch
wider unsers Vaters Willen!

Clymene.
Und tobt mein Ismenes!
tobt liebster schönster Prinz! —
sagst du von Apollos Pfeilen
erschossen?

Meros.
Liebe Schwester, weinst
nicht allein; Delira! ach Delira!

ich seh dich! Apollo! Diana!
grausame! was wollt ihr thun?

Egyllus.

Bruder ha! Bruder Athos
ermanne dich —

Athos.

Stille! bei diesen Locken!
Ich will die sehn
die Euryphile mir geraubt.
Sie war mein Eigenthum —
meiner Seele süßester Trost.
Nur ein Pfeil Diana —
Euryphilens sanftes Herz
nahmst du zum Ziel!
Neptunus! Neptunus!
dir dank ich nicht diese Rettung!
auf Bruder! wer Muth hat
folg mir — hinein! hinein!

Philon.

Brüder, rennen in unsern Tod.

Egyllus.

Auf laßt uns unsere Bräute retten!

Philon.

Nun dann!
wollen bei ihnen schlafen
lebendig oder todt.

Meros.

Meros.

Delira! Delira dich muß ich
finden!

   (Alle die Treppe hinauf und wieder in den
   Tempel hinein.)

Schwestern.

Sterben lieber
mit unsern Bräutigammen, als
leben ohne sie!

     (Alle ihren Brüdern nach.)

Layde.

O wüßt ich nur wohin
mich retten, mich verbergen!
Ach Mutter! Mutter! dich kann ich
nicht lassen — und doch jaget
vor Angst mein Herz — wohin
wohin mich verstecken, wohin?
wir alle sterben sollen
und ich! und ich! Ha! dort!
Brüder! Schwestern! flieht ihr die Pfeile
des Todes — o jaget

    (Ein Geschrei von innen.)

doch nicht so grausam, so ängstlich
meine Geschwister — wenn ihr sie
tödten wollt, tödtet sie barmherzig!

Siphyllus Stimme inwendig.

Hülfe! Hülfe! Erbarmen!

Layde.

Erbarme dich Latona,
erbarme dich uns Kinder!
straf doch nicht gleich mit
bittern Todes-Pfeilen!
hab' dich ja nie beleidigt!

Siphyllus (aus der hintern Scene hervorlaufend).

Wohin! — wo soll ich mich
verbergen — weiter
kann ich nicht! Layde!

(Er sinkt in die Knie.)

mein Muth dahin —
Apollo! Apollo! erbarme dich!

Layde.

Bruder, Bruder, hat dich
des Todes Pfeil auch troffen?
O nein, du lebst noch!
sieh hinter dir die Mutter,
sie kommt schon dich zu schützen.

Siphyllus.

Vergebens! hinter ihr
Apollo mich zu fällen.

Niobe (zu ihrem Sohn auf die Seite laufend).

Nein, du sollt mir ihn nicht rauben —
Apollo!

(Apollo auf einer schwarzen Wolke hinter ihr,
er spannt den Bogen, Niobe läuft ihm entgegen, er schießt, sie fällt ihm in den Bogen.)

Siphyl-

Siphyllus.

Wehe! bin getroffen!
Mutter! Schwester!

(Er stirbt.)

Apollo.

Warum hältst meinen Bogen?
Entweich, Weib, vergebens
biegst du —

Niobe.

O! für die Söhne,
die du jetzt geraubt,
ha! gib mir für die Töchter
ein' einzigen Pfeil aus
diesem verdammten Köcher,
daß ich ihn tief schleudre
in deiner Schlangenmutter Herz!
O! Verderben über sie! Verderben
über sie, die euch gebahr
Kinder-Würger! euch des Himmels
euch der Erde Schande —
Zück auf mich, die euch verachtet.
Auf mich! mich, Mörder, wenn du darfst! —

Apollo.

Schrei'st Göttin, da ich dir,
da Diana meine Schwester
Opfer dir bereiten?

(Er faßt sie beim Haar.)

Hinter dir ein neues,
dir geweiht dort —
   (Er dreht ihr das Haupt in die Scene.)
Blick auf! — Diana
winket dir —

Dianens Stimme.

Niobe! Göttin komm
ergötz' dich an unserm Opfer,
wir weihn dir heut noch
viele! wir weihn!

Niobe.

Meine Kinder! meine
Philaide — meine Kinder!
  (Sie läuft vorne die Stuffen hinauf, Apollo
   verschwindet hinten.)

Layde.

Mutter! Mutter! nimm mich
mit! liebe Mutter!
bin verlassen —
von dir aller Welt verlassen!
nimm mich mit Mutter!
  (Ueber Siphyllus Leiche. Die Musik lind und
   schwermüthig.)
Ach du bist dahin!
theurer Bruder!
deine Schwester
darf nicht lange weilen dir zu folgen!

          Ach

Ach die schwere Stunde
nahet bald —
bittre Todes-Quaal
hast schon überwunden!
Dürft ich euch noch küssen
Brüder, eh ihr sterbet!
Dürftet ihr mich küssen
Schwestern eh ich sterbe!

      (Sie küßt ihren Bruder auf den Mund.)

Frühlings Blumen sinken!
theurer Bruder,
deine Schwester
darf nicht lange weilen dir zu folgen!
Ihre schwere Stunde
nahet schon!
bittre Todes-Quaal
wird mich bald umringen!

      (Sie läuft wie rückwärts gescheucht in den Tempel.)

Dritter Aufzug.

Die Gebäude stürzen hinten nach und nach ein, es wird trüb und dunkel, die Musik schauernd erhaben.

Alphenor, Damasichton, Nerine, Delira,
(stürzen zum Tempel heraus).

Nerine.

Wohin — wohinaus jezt!
Apoll' steht uns überall entgegen,
treibt rückwärts in den Tempel —
Will gerne bleiben bei den Lebendigen,
bei den Menschen, verlange der Gottheit nicht!

Delira.

Wehe! zu spät — seht
dort die Mutter! — aus dem
Weg ihr — wüthig
schweift sie hin und her, fodernd
zum Kampf jezt die Götter!

Niobe (wild hervor).

Reißt nieder — nieder den
Tempel des Mars — bringt mir
Vulkans undurchdringliche
Waffen herbei — will sie
herabzielen aus ihren Wolken!
Wo mein Volk! mein König!

ein lyrisches Drama.

fur Hülfe! Feuer!
Feuer und Schwefel! will sie
vertilgen — dort — vertilgen
ihren Tempel — Flammen-Ströhme —
aus des Cocentus Schlund!
meine Kinder! O meine
Kinder! Apollo! Diana!
Niederträchtige Latona!
hinter Wolken verstecket,
höhnet herab auf
Niobens Schmerzen-Wuth.
Euch finden will ich noch,
euch fassen!

(Läuft der Stadt zu.)

Delira.

Ihr nach — ach! mir
schlagen die Knie zusammen!

Merine.

Vergebens der Mutter Hülfe,
vergebens unser Gebeth!
Taub die Götter, all' wir
geliefert der Schlachtbank,
ohne Rettung, ohn Erbarmen!

Alphenor.

Wo hinaus? — dort hinaus!
seitwärts ab — kommen wir einmal
von diesem verfluchten Tempel.
Wehe! Nacht umgiebt schon meine Blicke!

wohin

wohin treibt michs — verflucht!
Angst umgiebt mich von neuem.

Delira.

Müßen zurück
getrieben! getrieben!
in den Tempel zurück —
wo unser wartet
schmerzlicher Todes-Schlag.

(Laufen alle ab in den Tempel hinten.)

Achor.

Waffen her! Apollo! will dir
stehen — behaupten will meine,
meiner Mutter Gottheit — deine
schwarze Pfeile schrecken mich nicht —
Flieht nicht Geschwister!
Heraus zu mir, zu
eurer Mutter! bald solls enden!
Waffen her dem Achor — will
treffen — Götter-Blut dich schlagen,
dich schlagen! Theil' mit mir
aus deinem Köcher — du!
Waffen her dem Achor!
Waffen, unsterblich wie die eure!

(Läuft hinten in den Tempel ab.)

(Philon, Egill.)

Philon.

Siehst du den tapfern Achor fliehn! —
Bruder er hoft vergebens.

Ach!

Ach! Ach!
warum litten wir
die frevelvolle That, o Bruder!
Vergebens jezt dein und
mein Bestreben — Flammen fressen
wo wir helfen wollen — die Götter
schiessen nieder auf unsern Armen
ihre Beute — beschlossen,
an Latonens Tempel
sollen alle fallen,
die Niobe gebahr!

Egill.

O Trauertag! — einen gleichen
sah noch nie die Erde!
du herrlich groß Geschlecht!
du Hayn von jungem Lorbeer —
du Ring voll Pracht und Schönheit!
gefällt, zerrissen du — ach!
das Herz weint in meinem Busen!
daß ich nicht helfen soll und kann.
O Trauer Trauertag! — ach!
Bruder laß uns gehen suchen
unsern Meros?

Philon.

Schluchsend um die holde
Delira die mit banger Lieb'
er immer ruft, hört ich
dort ihn durch die Halle —

Laßt

Laßt uns eilen ihn zu retten!
traurig und gepreßt ist meine Seele —
aber ach sein Herz, zu zärtlich,
unterliegt dem bangen Schmerz!

Egyllus.

Komm Bruder!
trauter Bruder komm!

(Beide ab.)

Niobe (ein Schwerd und Schild in der Hand).
Feige verzweifeln, lassen
geduldig sich schlagen — ha!
wo bist nun — stell dich mir
entgegen — du — du!
mit Kinder streit ich nicht
Mutter Latona komm,
Aug an Aug, Schwerd an
Schwerd jezt! komm, ich
fordre dich heraus!
wer überwindet, trage
siegreich des andern Haupt,
deins setz ich auf mein Schild
Olympus Stärke!
Siegst du — nicht flehen
werd unter deinem Stahl.
Schlag ab dies Haupt, trags
durch die Lüfte
auf deinem Schwerd.

(Donner schlägt ihr Schwerd und Schild nieder.)

Feige

ein lyrisches Drama.

Feige streiten so —
fühlst — bin dir überlegen!
verfolgen will dich auch
waffenlos — verfolgen
mit meinem Blick, meiner
Hand! — muſt dich
ſtellen! Niederträchtige!
des Schimpfs unwürdig
der meiner Zung entſtröhmt!
Feuer unter meinem Pfad! ich
will dich faſſen, an
meinen Kindern! dich
tief zum Orcus ſchleudern!
im Kampf — ſteh her!
heraus drinnen meine Kinder!
heraus! geflohn die Feigen —
Bringt mit
die Leichen eurer Geſchwiſter!
heraus! ich habe ſie verſcheucht!

(Die Kinder inwendig.)

O Mutter! Mutter!
können nicht — Diana!
Diana tritt vor — Apollo
hält uns — müſſen alle
alle bleiben —

Niobe.

Zerbrechen ſoll mein Arm die
Ketten — bald
euch befreyn!

(Sie stürzt hinein.)

Meros.

Meros (ängstlich umherlaufend).

Wo find ich dich — wo
soll ich dich finden Delira,
Delira! — wo in diesem
grausen Ruin — Delira!
bist mir entzogen durch die Wolken?
oder verbirgt dich die Erde,
mitleids voller als diese Götter
die uns verfolgen! Delita!
wärst du doch ferne! wärst
nur sicher — wo's auch
wär — dich reissen wollt ich
auf meiner Schulter aus des
Meers geifernden Schlund —
Hiengst an Klippen du
überm Pfad giftiger wilder Ungeheuer,
retten sollt dich mein Arm!
Aber ach! bist hier —
hier wo kein Erbarmen wohnt,
wo dich grausame Götter tödten!
O meines Stammes Vater
barmherzige Götter! barmherzige!
zeigt mir sie — bringt sie nahe
diesem Busen, zeigt mir
Pfad zu ihr — laßt mich sie
finden — Erbarmet! erbarmet euch
des unschuldigen treuen Geschöpfs,
das niemal euch erzürnet!
O! Liebe war seit sie

der Sonnen süßen Strahl zum
erstenmal empfieng,
ihr ew'ges Gefühl — höret
auf mein Flehen — (er kniet) laßt ab
von weitrer Rache — raubt mir
das Leben nicht mit — Grausame
ich verzweifl! — mir entfällt
Sinn und Muth! — ach! eh
ihr mir sie ganz entreißt,
laßt mich noch einmal,
noch einmal sie in diese Arme drücken.
an diese Brust, die ihrer zu gewohnt,
so sehnlich verlangend klopft!
hört mich niemand — Vater!
Vater! ist dein Ohr verstopft?
o Delira! sollt du sterben!,
o Delira! meine Treue!

(Er liegt an der Säule zur Erde, stöhnt in
tiefsten Schmerz versunken.)

(Nerine und Achor die Treppe herab.)

Nerine.

Zurück Achor — nicht weiter,
Unsere Mutter rettet sich
hieher — sieh wie sie
durch die Flammen schreitet, gejagt von
Dianen — dort stürzt nach
die sanfte Pelia! — Bruder zurück

Niobe

um aller Götter willen
wage dich nicht weiter —

Achor.

Gilt nicht! —
wer reicht mir unsterbliche Waffen!
haft zerschlagen meine Schneide
Apollo — weh dem, der
mit Luft und Flammen ficht!
Das Schwerd lieber in der Scheid' und
wehrlos still' stehn als ein Mann,
als eignen Unvermögens-Spott
so — hörſts
Nerine?

(Man hört ein Geschrei.)

Nerine.

Ach! schrecklich!
Bruder ist dann keine
Hofnung für uns Kinder?

Achor.

Meynst du — wollens doch noch
wagen — in welcher meiner Ader
zuckt denn gottentsprungenes
Blut vom Stamme Jupiters!
Hervor! hervor! — sind wir etwa
Menschen? hat uns
getäuscht die Mutter?
Wills wagen

jetzt.

jezt. Ha! liegst du
Siphil! stolzer
königlicher Reuter! keinen schönern
Jüngling sah die Erde, wenn er
den rothen Hengst bestieg!
Vorbei! vorbei — mich wird
der blasse Tod am Kamm auch fassen!
doch wehren will ich mich
und rächen wie ein Mann.

(Er kniet an Siphils Leiche.)

Nerine.

Was machst Bruder verzweiflend?

Achor.

Den Pfeil
aus seinem Busen reissen —
unsterbliches Geschoß —
ihn bringen meiner Mutter —
schlagen können wir damit
Apollo — geh hinein —
vom Leichnam deiner Schwester zeuch
ab den Pfeil — bring ihn mir.

Nerine.

Ihr Götter das kann ich nicht —
Bruder mich schauderts
zu thun.

Achor.

Achor.

Stirb Feige;
getroffen von Dianens Pfeilen!
du Niobens Tochter nicht!
nicht meine Schwester!
Laß mich den Pfeil dir abziehn,
geliebtester aller meiner Brüder!
komm, gieb mir deinen Busen;
unbrüderlich zerreiß ich
dein Herz — doch brüderlich wenn!
von Mutterhand geschleudert
die Gurgel unsers Feindes
er zerreißt — juh! himmlisch Blut
dein Blut von diesen Federn spühlt!
hör ich nicht der Mutter Stimme drinnen.

(Reißt los.)

Nerine.

Da kommt über uns Diana!
aus meiner Schwester Busen
will auch einen Pfeil dir reissen!
die Angst wird in mir Wuth! —

Dianens Stimme.

Ja! Pfeile send' euch hier! —
thörichte!
bringt eurer Mutter!

(Nerine sinkt geschossen in die Knie, Achor springt getroffen auf.)

Nerine.

ein lyrisches Drama.

Nerine.
Bruder, bin getroffen!

(Sie sinkt nieder.)

Achor.
Ergreif mich schnell barmherziger Tod!
drück los das Leben,
daß im Schmerzens-Kampf keine Thräne
meinem Aug entfall —
Apollo, darf im Sterben
dir noch ins Angesicht sehen!

(Er sinkt an die Erde.)

Delira (oben an der Thüre).
Zu Hülfe — unsre Mutter!
liegt an der Erde —
in Wolken verhüllt.
Latona über ihr! — sie
kämpfen, streiten.

Achor.
Schwester!
hier wohnt der Tod —
seine grause Gestalt,
diese blutige Pfeile!
Achor sein Nahme —
flieh, wenn du fliehen kannst —
fleh nicht um Gnade! wehe!
(knirschend) o ich fühl Himmel! diese Schmerzen sollen
mich nicht übermannen!

(Wirft den Pfeil ihr zu.)

bring den meiner Mutter.

Nerine.

O! Schwester, bitt Latona,
bitt Latona um Gnade!

Delira.

Ach! — bin ja schon
dem Tode geweiht — ach!
hört ihr hört ihr unsre Mutter?

Niobens Stimme (fürchterlich dumpf).

Nimmer, will dich
bitten — verflucht sey
tausendfach meiner Kinder
Blut, — du sollt nicht siegen,
über mich — sterbt
Kinder, sterbt alle — keins
fleh um Mitleid.

Delira.

Ach Meros! Meros!
nur noch ein Blick aus
deinen Augen; das lezte
lebe wohl — Meros
wo find ich dich!

(Zurück in den Tempel.)

Nerine.

Ich sage euch nicht
lebe wohl! bald werden wir alle
uns wieder finden, Schwester.

(Stirbt.)

ein lyrisches Drama.

   Terpsichore (Neptuns Tochter).
Achor! Achor! bist du
gerettet? o so haben
deines frommen Mädchens
Gelübde dich gerettet?
so bist du zweimal mein!
theuer erkauft durch Liebe,
durchs Gebeth jezt.
Nerine — rinnend noch
der warme Strohm von ihrem Busen —
ihr Götter was schlägt hier an der Erde
Achor! Achor! o was
hoft ich — hoft ich!

   Achor.
Deine Hand im Tode
Terpsichore!

   Terpsichore.
Du!
schon dem Tod geweiht! ach
brecht doch zusammen
Gewölbe dieses Tempels über mir!
verschüttet uns vereint
in tiefsten Grund — ergreifet
ihr Flammen uns — o du
mein einziger Geliebter
meines Lebens Hofnung
ist alles denn verlohren?
konnt ich dich nicht erhalten?

Achor.

Umsonst! die Welt dreht sich! uh!
verlohren wir alle
Jezt seh ichs, fühls
im Sterben!
gezückt haben's die Götter!
auf Niobens Stamm — oh!
leb' wohl!

Terpsichore.

Bleibe, bleibe!
o tausend tausend tausendmal
leb' wohl!

Achor.

Umfasse mich im Tod' so
ermattend mein Aug' hingekehrt
auf dein süsses Aug — holde Braut
laß mit deinem Kuß
auf meinen Lippen
mich hinüber schweben
in Elisium —

(Sie liegt fest auf seinem Mund, er sinkt
todt zurück.)

Terpsichore.

Zieh nach
meine Seele voll Liebe
nach dir hin in Elisium!

(Sie sinkt ohnmächtig über die Leiche.)

Meros (erwachend).

Wie schwarz und still!
Bin ich endlich einmal angekommen
über des Todes Flüsse!
wohn ich im Lande des Friedens
endlich einmal — sichere Ruhe —
fern von Sturm — wie wehen
erquickende Winde
von Elisiums Thal herüber —
bald wirst du zu mir kommen
Delira, von Dianens Pfeilen
mir nachgesandt — deiner warten
will ich hier auf diesen Blumen;
Auen — dir entgegen grüßen
unter diesen seeligen Bäumen
du lächeln wirst, daß ich
zuvor dir kam — ach
war dis das süsse Lispeln,
der Lieb' gewaltiger Klang, der meine
Seele in trunkner Wonne füllt
und mir so zauberisch rief —
so lieblich ihre Stimme tröstet
wie Sterne = Schein aus trüber Nacht.
Wie Nachtigallen = Seufzer
aus jungen Rosen = Lauben
die nun der Frühling flicht. Es
zittern alle Winde, vor Freude Thal und Aue,
die holde Liebe schweigt —
so schweig auch ich an deinem Herzen.

O komm!

O komm! o komm! schon ausgespannt
nach dir sind meine Flügel
dich Liebe schützend — weile nicht —
O komm! o komm! gewendet
meine Blicke nach dir,
gewartet deiner sehnlich lange
geliebter Schatten wohn in meinen
Armen ewig nun — empfange
deinen Meros — Wonne
ew'ger Liebe ströhm'
aus deinen seel'gen Lippen
herab auf meine Lippen.

(Er spannt die Arme aus, Delira läuft hinein.)

O Götter! Götter!
gegeben bist mir —
mein Arm schlingt sich wieder
um deinen Leib — ich fühle
nahe deines Herzens sanften Schlag.
Weine, schluchse doch nicht länger,
ewig, ewig bist du mein!

Delira.

Meros!

Meros.

Deine nasse Wangen — o
Geliebte — keine Thräne bring'
in Elisium herüber — droben
laß sie der Erde Erbtheil —

Weine, schluchse doch nicht länge-
du bist ewig, ewig mein.

Delira.
Meros!

Meros.
Taube!

Delira.
Höre mich
ehe der Tod mich faßt,
mich aus deinen Armen reißt.

Meros.
Was sagst du?
wären wir denn nicht in
Elisium drüber?

Delira.
O blick nieder!
blick zu deiner Seite hier,
und hier —

Meros.
Wer erweckt mich schaudernd
aus dem Traum der Ruhe! Delira
gelt wir leben noch
Traute, zur Quaal? leben noch?

Delira.
Meros, meines Herzens
süßster Name — dich
zu segnen komm ich jetzt.

Meros.

Meros.

Mich — o warum?

Delira.

Sterben muß ich — banges
Todtenlos hat mich schon
getroffen —

Meros.

Ach nein, nein, bleibe! du
darfst mich nicht verlassen.
Wilt du? die Götter selbst
wollens ja nicht — mir haben
sie's versprochen.

Delira.

O! keine Rettung — hoffe nicht,
leb' wohl — mir winket
Diana — diese Thränen, Liebster,
sinken unserer Trennung wegen nicht;
Dich werd ich ganz gewiß
bald wieder sehen in Elisium.
Aber ach! die mich gebahr
Niobe, wo soll ich
Thränen finden — all auszuweinen
meinen Jammer — ach Geliebter
sie erwartet bald fürchterliches Schicksal —

Meros.

Welches? sage mir,
wenn du in die Zukunft tiefer
siehst.

Delira.

Nicht Menschen Tod
ist ihr vergönnt.

Meros.

Wird sie Göttin werden,
wornach ihr stolzes Herz gestrebt!

Delira.

Hier wo ich steh'
wird in einen Felß
verwandelt!

Meros.

Oh! Beben mich schüttelt
vom Scheitel herab bis in die
Fußsohlen —

Delira.

Zum zweitenmal
mir winkt Diana,
schon hör ich schwirren über mir
den schwarzen Bogen,
seh' aufgelegt den Pfeil
der mir gilt — leb' glücklich
Geliebter —

Meros.

Nein, nein!
dich laß ich nicht! wehe!
sie soll es einmal wagen,

soll kommen dich mir
zu rauben!

>(Er umfaßt und hebt sie auf, sie fortzutragen.
>Sie wird auf seinen Armen geschossen, senkt
>röchlend ihr Haupt auf seine Brust, und
>stirbt. Er steht wie erstarrt.)

Meros.

Verflucht ihr alle droben — wer euch
nicht mehr braucht, achtet
eurer nicht viel! komm
Niobe, komm sieh
was dein Stolz vermocht — verheule drinnen
nicht alles, behalt noch Seufzer
übrig für diesen Anblick — Meere
von Thränen reichen nicht zu
all' auszuweinen deinen Jammer!
komm! komm! — schau wie deine Brust
dem Orcus Beut' erzogen, wie dein
Schos ihn überschüttet mit Fras —
Bald, bald all aufgezehrt sie —
wenn nun dein schrecklich Schicksal
dich auch ergreift!

>(Er legt seinen Mund an Delitas Stirne, sie
>liegt in seinen Armen.)

Dein Grabmal will ich seyn Delira!
verwesen sollt du so in meinen Armen,
wenn Schmerz mich hingericht' — dich
tragend so — dein Haupt auf meinem Busen

will

will ich übersteigen die schwarze Flüße,
und in Elisium zum schönsten Leben
mit meinem Kuß dich endlich wecken.
In dir allein hab' ich gelebt — nun
bist du hin.

      (Er hebt sie wieder empor.)

Komm schöne Last, will dich so lange tragen
und tragen, bis ich
nicht mehr kann — in jeden Fußtritt
fall' ein Tropfen reines Blut aus deiner Wunde.
Aus meinem Aug' sink' treue Zähre
und Blumen und Cypressen
sprossen über mir — bedecken lind
den abgehärmten Rest
unserer Leichen — indeß
Verwesung hier an Knochen nagt,
haben unsere liebgebundene Seelen
dort in Wonne Ströhmen — hinweg
wer mir begegnet! — bin
Atlas, der eine Welt voll Jammer trägt!

 Egillus (das Haupt in seinen Mantel verhüllet).

Ach keine Welt spricht's aus, nicht Zunge!
nicht Worte faßens was mich drückt.
Auch du trägst Theil am königlichen Stamme
im Sturm von Mitternacht entwehrt —
Es trauren alle Blüthen, alle Aeste hangen
zerknickt!

         Meros.

Meros.

Bist Egill! sag mir
wo ich Niobe finde —

Egyllus.

O Bruder Meros, deine Stimme!
      (Er schlägt den Mantel weg.)
Was seh ich — Götter!
ist Pluto heimgefallen die ganze Welt?
Tod auf der Erde, Tod über den Lebendigen.
ha! auch du hingeknickt
sanfte Rose Delira.

Meros.

Betracht sie wohl — weg Bruder,
die Nacht kommt dort dicht und graus herüber,
ich muß sie retten — hier
in meinen Armen schlug sie die Göttin.
Blick an — Medusa erstarrt,
ihrem Schlangen-Haar entgeht
beim Anblick Kraft —
hervorstarrend der verfluchte Pfeil da,
wie Plutos verderbende Gabel
aus meines Mädchens Brust —
Hohl Niob' herbei — zeig ihr
diesen Olymp.
      (Er weißt auf die Todten.)
Will ich auch kommen
ihr diese Wunde zeigen, und
fragen wo die Gottheit wohnt!
      (Ab mit der Leiche.)

ein lyrisches Drama.

Egyllus.

Geh hin — auch du bist mir verlohren
theurer Meros — vollende
deiner Schmerzen trüben Lauf — ach!
wohl ists einem nun zu sterben an der Erde,
wer das kann —
Dich halten
wollt ich nicht — was ist denn
köstliches an dieser schalen Welt! —
Clymene, Schwester, willt du
mit mir ziehn aus dieser
finstern Todes-Gruft — wo keine Rettung,
keine Hofnung wohnet — oder
bleibst du lieber drinnen,
wo dein Schmerz immer Nahrung findet.
Gib Antwort, kenne
deine Stimme nicht — alle Wände
hallen laut von Jammer und
Seufzer.

Clymene.

Ich will mit dir gehn
Bruder — meine Thränen
fallen zu der Götter Füßen,
die mögen sie zählen —
Bruder — führ — führ mich
nur bald von hinnen.

Egyllus.

Komm ich führ dich hinaus
unter freien Himmel — hörst
Niobens wild Geschrei drinnen?
Bald werden sie all' seyn —
Wie öd, wie trüb
hierum — o Niobe dort —
sieh wie sie schlägt haarraufend — überall
brechen Flammen ihr entgegen.
Sieh, sieh Schwester, dort —
dort, ha! eilt jezt
hieher, verzweifelnd, suchend
den Tod, der sie flieht,
üppig indessen am Blut ihrer
Kinder schwelgt — Schrecken
bringt durch alle Gebeine
mir bei ihrem Anblick!

Clymene.

O Götter.wie sie rast!
Laß uns weiter Bruder!

Egyllus.

Die Luft
bricht unter ihren schweren Seufzern zusammen —
Wo ist auch eine Mutter
die gelitten wie sie —
ihr Stöhnen
spaltet die Seele — Menschheit
ist zu schwach, Antheil

an ihrem Schmerz zu nehmen!
göttlich groß, oh! —
meine Augen rinnen ganz in
Wehmuth weg.

Clymene.

Laß uns Bruder, eh sie
näher kommt —

Egyllus.

Wenn sie diese Ernde sieht — oh!
nur noch einen Augenblick —
Laß drei helle Zähren
niedergiessen mich auf diese Leiche,
die ich überm allgemeinen
Jammer fast vergaß.

(An Nerinens Leichnam.)

Hier du Blume an des Todes
Urne hin gewelket — schöne
herzgeliebte Braut, du
Lebens Stolz — aller Mütter Neid,
ruhe wohl im Tode, nimm diesen
Kranz, den heute
du so fröhlich brachest,
so fröhlich um diese meine Stirne zogst.
Braut des Orcus und die meine,
tritt hinab durch die dunkle Pforte,
erweich Proserpinen
mit deinem Schmerz.

(Er reißt den Kranz vom Haupt, und legt
ihn auf den Leichnam.)

Einsam will ich um dich weinen,
stille klagen meinen Schmerz —
komm jezt liebe Schwester!

Clymene.

Ohne Seegen zieh ich von dir aus,
Höle der Schmerzen!
Höle des Todes!
wo die Freude meines
Lebens fiel!

(Beide ab.)

Niobe (herausstürzend einen Schleyer in der Hand).

Verfolgst mich denn immer und ewig!
Wo hinaus? wo? dort?
oder dort hinaus? daß ich
noch einmal mich rette!
hinter dir flieh aus den Schranken —
o weh! weh! Ha!
schlagt alle nieder! ich habe noch
Kinder — ich will sie noch zählen
vor euch.
Vier — es leben noch vier — und
zehn — ja zehen liegen im Grunde!
O! diese nichtswürdige Tropfen; was
sollen Thränen hier — könnten Flüß'
entspringen — Meere ströhmen aus
diesen Augen — o ho!

(Geschrei.)

Da

Da kommen meine Schafe
gebölft von höllischen Wölfen!

> (Indem die übrigen Kinder Niobens hereinstürzen, fallen gleich die zwei grösten von Pfeilen getroffen nieder, die zwei jüngsten Ilionee und Layde laufen auf ihre Mutter zu. Niobe dreht sich stumm hin und her, zerrauft ihr Haar, schlägt ihren Busen, schrei't ins Geröchel der erst gefallenen — faßt jezt ihren jüngsten Sohn unter den Armen und sezt ihn Apollo's Bildsäule zu Füssen.)

Niobe.

Nimm hin — dir schenk ich ihn
Apollo — der lezte — schenk ihm das Leben!
erbarm dich wenn du wilt
seiner Unschuld wegen, nicht
meinetwegen —

> (Ein Pfeil schlägt den Knaben todt, er bleibt auf dem Fußgestelle liegen.)

Herrlich ist's andrer Kinder zu würgen!
Apollo! Diana! Verflucht waren
euch nicht durch Thränen und Schmerzen theuer!
Verfluchte! nehmt auch diese lezte —
Seht, kann auch
göttlich morden, wie ihr!

> (Sie schlägt nach ihrer jüngsten Tochter, die sinkt und verbirgt sich hinter dem Altar.)

Hab keine Kinder mehr —
jezt troz ich eurer Wuth!

Könnt' ich Steine beseelen, wie Phirra,
eine Welt sollt euch noch entgegen trotzen — aber!
jetzt hab' ich keine Kinder mehr, und
trage doch noch die Krone!

(Sie setzt sich unter die Leichname nieder.)

Dianens Stimme.

Hast keine Kinder mehr!
Trägst du noch die Krone,
ha! so kennst du nun auch
mich und meine Pfeile!

Niobe.

Niederträchtige — ja ich
kenne dich, kenne deine Pfeile.
Meines Lebens Freude
haben sie geraubt.
komm stell' dich einmal — laß mich
noch einmal dich sehn — dich treffen
mein Blick — einmal, noch einmal
dich fassen meine Hand.

(Sie springt auf.)

Dianens Stimme.

Hinter dich blick, Schwache, hör
von sterblichen Lippen dein Looß:
Mehr sich Jammer, bis dein
stolzer Nacken bricht. Verzweiflend
lern'
Götter ehren.

(Die

(Die drei Söhne des Neptuns im Hintergrund, tragen die niedergeschossene Leichname ihrer Bräute. Sie sizen in den Ruinen der Stadt; man hört sie schwach rufen.)

Neptuns Söhne.

Gib uns unsere Bräute wieder!

Dianens Stimme.

Siehst du deine Herrlichkeit?
Beugst du bald den stolzen Nacken?

Niobe.

Verflucht sey mir!
Nimmer, nimmer will ich
vor dir beugen —

(Terpsichore erwacht auf Achors Leichnam.)

Terpsichore.

Seh ich dich Riesin über mir —
Verfluchte! dein Stolz alles geraubt!
Teben! all' deine unschuldige Kinder
gestürzt! — auch ihn meinen
Achor — meiner Seelen Liebling!
alle Tage froher Zukunft,
alle seelige Liebes-Blüte
weggehaucht durch dich!
du des Todes kalter Odem
Grab von bein' und meinem Hause —
häufe jede Stunde neuen

Jammer auf dein Haupt! häufe
Elend auf dein Herz! häufe! —

(Sie sinkt wieder ohnmächtig auf den Leichnam
nieder.)

Niobe.

Nimmer, nimmer ehr ich dich Diana.
Seegnung diese Flüche mir,
herab all' auf mein Haupt —
Niobe vermag zu tragen,
vermag des Anblicks dieser
Todes-Ernde — Herrlich
sind gestorben alle, herrlich
ziehn hinab ins Schattenreich,
verkündigend drunten
Niobens Ruhm. Niobe drunten
steigen wird in ihren Kindern —
Du, verzweifel jezt — daß
mich nicht beugen kannst —
Diana,
verzweifel! ich habe
keine Kinder mehr.

Diana.

Ha! fühlen sollt
meine Rache
siebenfach!

Layde (hinterm Altar).

O Mutter!
bin ich denn nicht dein Kind?

Niobe.

Niobe.

Nicht Mutter, wer du bist
Stimme! — nicht Mutter; kann nicht
mehr den Nahmen ertragen —
zerreißst mir die Seele — nicht
Mutter; will nicht mehr
Mutter seyn!

Layde.

Aber doch
bin deine Layde —
Mutter!

Niobe.

Layde, deine Stimme, deine
Stimme, wo bist du? — komm.

(Sie kommt zu ihr.)

Layde.

Du hast mich von dir gestoßen;
ach! liebst deine
Layde nicht mehr?

Niobe.

Ah! stirb, stirb — ich liebe dich
Layde — kannst du noch
gehn? — wo ist deine Wunde.

Layde.

Ich leb ja noch Mutter! drücke
deine süße Wangen noch —

Niobe (fühlt an ihr).
Bist du nicht geschossen?
keinen Pfeil in deinem Herzen?
keine Wunde? bin blind von Tränen.

Layde.
Nein Mutter, ich bin noch
bei dir, ganz lebendig.

Niobe.
Ha! mich wähnt ich schon frei,
wie ein Adler in den Wolken, nun
bin ich hingeschmettert
an deine Kette — Jupiter!
Jupiter!

Layde.
Warum seufzst so schwer
Mutter?

Niobe.
O Diana! Diana!
jezt erkenn ich deine Tücke — Götter!
ach ihr Götter! jezt kann ich nicht mehr!
weiter kann ich nicht —
Jezt meine Kraft dahin!
O du meine einzig lezte;
auf der alle Mutterliebe
haftet — erweiche nicht
so sehr mein Herz — ach!
du bist zum tiefsten Jammer
mir nur aufgespart.

Layde.

Layde.

Werd ich denn wie meine
Schwestern auch erschossen
Mutter, weil du
über mir weinest? —

Niobe.

Ach Diana! schieß doch gleich
mit deinem Pfeil darnieder,
eh sie weiter spricht.

Layde.

O! geliebte Mutter,
willt du
daß ich sterben soll?

Niobe.

Ach!

Layde.

O du blickst mich wieder an
Mutter, liebe
Mutter, laß mich leben.

Niobe (sie küssend).

Lebe, leb' hinaus
in alle Ewigkeit,
bis die Götter
auf ihren Stühlen, altern.
O stünd es in meiner Macht!
Verwachs an mein Herz, sey eins
mit mir!

Layde.

Layde.

O! so wirst du mich auch retten.
Sieh Diana dort —
fürchterlich mit ihrem Bogen
winkt sie — o verbirg —
spannet auf mich — Mutter!
o! verbirg, verbirg —

Niobe.

Wo soll ich, wo?
kriech' in die Erde mein Kind!
oh! oh!
fall herunter Nacht, begrabe
auf ewig diese Welt!

Layde.

Hörst Mutter den
schrecklich schrecklichen Klang —
Mutter, bitt für mich!
bitt um mein junges Leben!

Niobe.

Wie soll ich denn bitten? —
Diana laß ab — laß ab!
hast dich genug gerochen.
Laß mir die einzige,
bitt dich! daß mir noch
überbleibt zu drücken an meinen
mütterlichen Busen, daß noch

sagen kann — so waren
meine Kinder!

Dianens Stimme.

Wolltest' das Stolze?

Layde.

Wehe! Mutter!
(Niobe springt um Layde, sie in ihren Mantel verbergend.)

Layde.

Sie lächelt, daß ich
die lezte bin!

Niobe.

Hast gesiegt Latona! — Diana,
hier knie ich im Staub' vor euch
Göttern! halte mein Kind in
diesen flehenden Armen.
(Sie zieht Layde an Dianens Fußgestell.)
Umfaß dies Gestell mit
deinen unschuldigen Händen
Layde — fleh auf!
mit deinen unschuldigen Blicken
zwing' die Götter zum Erbarmen. Ach!
ich kann nicht mehr! kann nicht mehr!

(Layde fällt niedergeschlagen vom Pfeil zu ihrer Mutter Füßen.)

Dianens Stimme.

Zu spät deine Reue
ha! an meiner Säul'
sollt ich nicht rächen den Frevel —
Verzweiflend lern' Götter ehren!

    (Niobe steht auf, hebt ihre Krone aus dem
    Staub, besieht sie wie sie vom Blut ihrer
    Kinder roth, und setzt sie wieder auf ihr
    Haupt.)

Nein! ich bin nicht vor dir
erlegen — diesen Knie-Fall
stahlst du mit Betrug —
steinernes Herz, das kein Lallen
sanfter Unschuld bewegt —
barbarische Jungfrau, die nie
mütterlichen Liebes-Schlag gefühlt.
Werd' einst Mutter, alles zu leiden,
Mutter, wie ich!
Stürz ein Tempel, wo
Menschen und Götter sich vergessen.
Künftigen Jahren zeig'
nicht mehr die Spuhr!

    (Der Tempel fällt im Blitz-Schlag zusammen.)

Ha! Jupiter
erkennt mich wieder! —
Im Dulden will ich noch überwinden! —
Königin der Mütter einst — nun
der Schmerzen Königin! ha
mich zückt aufwärts der Vater

zu groß der Vernichtung
troz ich der Zeit —
Jahrtausende
werden die weinende
Niobe sehn!
Wo bin ich? — wie
trägt mich die Erde,
war's, war's — Königin
der Mütter einst — nun Schmerzen-
Königin! — schon wälzt sich
über mir der neue Himmel —
wie wohl! wie wohl!
Die Adern erstarren, erstarren in mir.
Es fliehn von hinnen, die
Felsen-Geschwister.
Olympus weinet und
zürnet auf sie.
Sie scheuen zu schauen
die Mutter im Kampfe;
des Mutter-Herzens gebundene Quaal!
Ha! weint nicht ihr Kinder
gesiegt! gesiegt! ich hab
gesiegt! — sie fliehn, sie
fliehn die Felsen-Geschwister
Olympus weinet und zürnet auf sie.
Zu weit sie trieben
der Rache Wonne — Die
Götter schaudern! —
Niobens stummes Beben

erschrö-

erschröcket sie — sie
binden ihr Leben, sie
halten mein Herz, ach!

     (Es blizt immer auf Niobens Schulter herunter.)

Wohl — ach wohl! — die
Adern erfrieren — kalt!
kalt mein Busen — ruhig
mein Herz — wie
süß, süß die
Lüfte weichen — mein
Ohr verschließt — das
Aug erlöscht — die
Zung gebricht.

     (Sie steht mit ausgestreckten Armen, eine Weile still, die Musik nimmt einen prächtigen Schwung, der Schleyer fällt ihr aus der Hand, und gleich darauf der Vorhang der Bühne.)